LES MEILLEURES RECETTES

INRATABLES !

Plats du soir express

LAROUSSE

SOMMAIRE

Soupes, salades & encas

Potage de la Méditerranée

300 g de tomates

1 poivron orange

300 g de carottes

2 fenouils

300 g d'oignons émincés

+

1 gousse d'ail écrasée
2 c. à soupe de crème fraîche
basilic ciselé

POUR 4 PERSONNES

Préparation : 15 min / Cuisson : 25 min

1 Mettez les légumes coupés en morceaux, les oignons et l'ail dans une casserole avec 1,5 l d'eau, salez et poivrez. Faites cuire 25 min.

2 Mixez le tout, ajoutez la crème et parsemez de basilic.

VEGGIE

LIGHT

PETIT BUDGET

Soupe de courgettes et fromage frais

4 ou 5 courgettes en rondelles sans les peler

1 cube de bouillon de volaille

2 Kiri®

POUR 4 PERSONNES

Préparation : 10 min / Cuisson : 25 min

—

1 Dans une casserole, mettez les courgettes, puis ajoutez de l'eau sans les recouvrir et le cube de bouillon.

2 Couvrez et faites cuire 25 min environ à feu doux. Ajoutez le fromage et mixez.

PETIT BUDGET

Minestrone

120 g de haricots blancs en conserve

2 poireaux

2 navets

2 tomates

200 g de petits pois surgelés

+

1 l de bouillon de légumes
60 g de pâtes à potage
basilic ciselé

POUR 4 PERSONNES

Préparation : 15 min / Cuisson : 20 min

1 Réchauffez les haricots 5 min dans le bouillon. Coupez les poireaux, les navets et les tomates en petits dés et ajoutez-les dans la casserole avec les petits pois et les pâtes.

2 Assaisonnez et poursuivez la cuisson 15 min environ. Servez parsemé de basilic.

VEGGIE

Bortsch

2 betteraves rouges

2 carottes

1/8 de chou blanc

1 oignon

1 yaourt grec

+

1 cube de bouillon de bœuf
2 c. à soupe de concentré de tomate
1 c. à soupe de vinaigre
1 c. à soupe de sucre

POUR 4 PERSONNES

Préparation : 15 min / Cuisson : 30 min

1 Coupez les betteraves, les carottes et l'oignon en tout petits cubes. Hachez le chou au couteau.

2 Mettez les légumes, 1 l d'eau et tous les autres ingrédients (sauf le yaourt) dans une casserole. Faites cuire 30 min à petit feu et à couvert.

3 Dégustez la soupe telle quelle (ou mixée si vous préférez) avec 1 c. à soupe de yaourt par assiette et du pain de seigle.

VEGGIE

Soupe de haricots blancs à la tomate

1 boîte de haricots blancs

50 cl de coulis de tomate

1 oignon émincé

2 feuilles de sauge

4 c. à café de pistou

1 c. à soupe d'huile d'olive

POUR 4 PERSONNES

Préparation : 10 min / Cuisson : 20 min

1 Dans une cocotte, faites suer l'oignon avec l'huile. Ajoutez les haricots, couvrez d'eau et portez à ébullition.

2 Ajoutez la sauge et laissez mijoter 10 min à feu doux. Incorporez le coulis de tomate et poursuivez la cuisson 10 min. Rectifiez l'assaisonnement.

3 Répartissez la soupe dans des bols avec 1 c. à café de pistou dans chacun.

VEGGIE

PETIT BUDGET

Soupe de carottes à l'orange

1 kg de carottes

1 orange
en rondelles

1 c. à café
de gingembre râpé

1/2 c. à café
de cumin en poudre

10 cl de crème
liquide

1 l de bouillon
de volaille

POUR 4 PERSONNES

Préparation : 10 min / Cuisson : 20 min

1 Faites cuire les carottes 15 min dans le bouillon à l'autocuiseur.

2 Incorporez le jus et le zeste de l'orange, le gingembre, le cumin et assaisonnez. Refermez l'autocuiseur et poursuivez la cuisson 5 min.

3 Mixez le tout, ajoutez la crème et mélangez.

LIGHT

PETIT BUDGET

Velouté de chou-fleur à la truite fumée

300 g de chou-fleur en bouquets

1 oignon émincé

1 poireau émincé

50 cl de lait

3 tranches de truite fumée

1 c. à soupe d'huile d'olive

POUR 4 PERSONNES

Préparation : 15 min / Cuisson : 20 min

1 Dans une cocotte, faites revenir l'oignon et le poireau dans l'huile. Ajoutez le chou-fleur, le lait et 25 cl d'eau.

2 Assaisonnez, mélangez et portez à ébullition. Laissez mijoter 15 min environ.

3 Mixez le tout finement et servez en répartissant des lanières de truite.

Caldo verde

200 g de chou kale

600 g de pommes de terre en dés

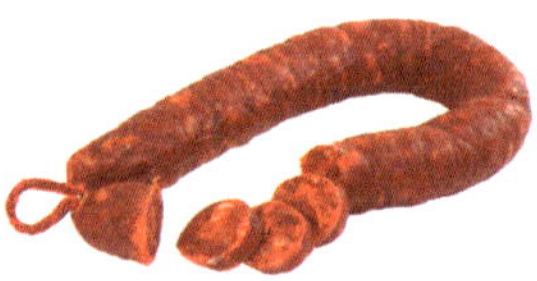

80 g de chorizo en tranches

1 oignon haché

2 gousses d'ail hachées

2 c. à soupe d'huile d'olive

POUR 4 PERSONNES

Préparation : 10 min / Cuisson : 30 min

1 Pliez chaque feuille de kale en 2, arrachez la queue et jetez-la. Émincez finement le vert avec un grand couteau.

2 Dans une casserole, faites revenir l'oignon, l'ail et le chorizo avec l'huile. Ajoutez les pommes de terre et 1 l d'eau. Salez, poivrez et faites cuire 20 min à feu doux.

3 Écrasez grossièrement les pommes de terre à la fourchette dans le bouillon, puis ajoutez le kale et faites cuire 5 min de plus.

Gaspacho

4 tomates
bien mûres

1 concombre
épépiné

1 poivron rouge

3 oignons nouveaux

1 tranche de pain
de mie

+

6 c. à soupe d'huile
d'olive
2 c. à soupe
de vinaigre de xérès
glaçons (facultatif)

POUR 4 PERSONNES

Préparation : 15 min

1 Coupez les légumes en gros dés. Taillez 5 ou 6 dés de concombre et de poivron en tout petits cubes et réservez-les pour le décor.

2 Mixez les légumes dans un blender avec le pain sans la croûte, l'huile et le vinaigre jusqu'à obtenir un mélange bien lisse. Assaisonnez. Ajoutez de l'eau glacée si nécessaire pour obtenir la consistance désirée.

3 Servez bien frais, parsemé de petits dés de légumes et avec des glaçons s'il fait très chaud.

VEGGIE

Salade de Vinci

400 g de pâtes colorées

1 melon en cubes

1 concombre en rondelles

2 boules de mozzarella en dés

1 bouquet de basilic ciselé

2 ou 3 c. à soupe vinaigrette au citron

POUR 4 PERSONNES

Préparation : 10 min / Cuisson : 5 min

1 Faites cuire les pâtes *al dente*. Laissez-les refroidir et versez-les dans un saladier.

2 Ajoutez le melon, le concombre et la mozzarella aux pâtes et mélangez.

3 Arrosez de vinaigrette, salez, poivrez et parsemez de basilic.

VEGGIE

PETIT BUDGET

Cobb salad

6 tranches de bacon

2 tomates

100 g de fromage bleu

2 blancs de poulet rôtis

2 avocats

+

3 œufs durs
6 c. à soupe de vinaigrette

POUR 4 PERSONNES

Préparation : 15 min / Cuisson : 5 min

—

1 Faites dorer le bacon à la poêle jusqu'à ce qu'il soit croustillant. Coupez-le en dés de 1 cm.

2 Coupez les tomates, le fromage, le poulet et les avocats aussi en dés de 1 cm et les œufs durs en rondelles.

3 Alignez les éléments par lignes de couleur dans l'assiette. Arrosez de vinaigrette et servez.

Salade de pommes de terre au saumon

600 g de petites pommes de terre rouges

2 pavés de saumon frais

1 pomme granny smith

1 citron

1/2 bouquet d'aneth ciselé

+

1 yaourt grec
6 c. à soupe de mayonnaise

POUR 4 PERSONNES

Préparation : 15 min / Cuisson : 15 min

1 Faites cuire les pommes de terre avec la peau 15 min à la vapeur.

2 Pendant ce temps, faites cuire le saumon 5 min dans de l'eau salée à peine frémissante. Égouttez et laissez refroidir.

3 Dans un saladier, mélangez le yaourt, la mayonnaise et le jus du citron. Ajoutez les pommes de terre coupées en quartiers et la pomme non pelée, coupée en dés. Salez, poivrez et mélangez. Défaites le saumon avec les doigts et ajoutez-le sur la salade, puis parsemez d'aneth.

Salade aux crevettes et à l'avocat

16 crevettes cuites

1 avocat en dés

1/2 cœur de laitue

1/2 citron vert

3 c. à soupe de mayonnaise

+

1 c. à soupe de ketchup
1 c. à café de sauce Worcestershire
piment de Cayenne

POUR 4 PERSONNES

Préparation : 20 min

1 Décortiquez les crevettes en laissant la queue pour pouvoir les manger à la main. Mélangez la mayonnaise avec le ketchup et la sauce Worcestershire, puis relevez de piment.

2 Dans chaque coupe, déposez des feuilles de laitue, de l'avocat, des crevettes et des quartiers de citron.

3 Servez avec la sauce sur le dessus ou à côté dans un ramequin.

Bruschetta

4 tranches de pain de campagne

500 g de tomates cerises

50 g de parmesan

4 gousses d'ail

quelques feuilles de basilic haché

+

4 c. à soupe d'huile d'olive
fleur de sel

POUR 4 PERSONNES

Préparation : 15 min / Cuisson : 5 min

1 Coupez les tomates en 2. Mélangez-les avec le basilic et l'huile.

2 Faites griller le pain, puis frottez-le avec l'ail. Recouvrez de mélange à la tomate et parsemez de copeaux de parmesan. Salez, poivrez et servez aussitôt.

VEGGIE

Croque-normand

8 tranches de pain de mie complet

4 rondelles de pomme

4 tranches de camembert

15 g de beurre

POUR 4 PERSONNES

Préparation : 10 min / Cuisson : 8 min

1 Dans une poêle antiadhésive, faites blondir les rondelles de pomme quelques minutes.

2 Étalez le beurre sur 4 tranches de pain, puis répartissez les rondelles de pomme et le camembert. Refermez les croques avec le pain restant.

3 Déposez les croques dans la poêle et faites-les griller quelques minutes de chaque côté.

VEGGIE

PETIT BUDGET

Quesadillas au fromage et à l'avocat

4 tortillas de blé

150 g de cheddar râpé

2 avocats en dés

1 citron vert

1/2 bouquet de coriandre ciselée

POUR 4 PERSONNES

Préparation : 15 min / Cuisson : 10 min

1 Mélangez les avocats dans un bol avec le jus du citron et la coriandre, salez.

2 Répartissez le fromage sur la moitié de chaque tortilla et pliez-la en 2. Faites-les chauffer à feu doux 2 par 2 dans une poêle antiadhésive, jusqu'à ce que le fromage soit fondu, en les retournant à mi-cuisson. Comptez 5 min par tournée.

3 Entrouvrez les quesadillas et répartissez l'avocat à l'intérieur. Coupez-les en 3 et servez aussitôt.

VEGGIE

Bagel lox de Montréal

1 bagel au sésame

75 g de saumon fumé

2 c. à soupe de fromage frais

1 rondelle d'oignon rouge

4 c. à café de câpres

POUR 1 PERSONNE

Préparation : 10 min / Cuisson : 2 min

1 Faites griller le bagel coupé en 2 au grille-pain ou sous le gril du four.

2 Tartinez-le de fromage, déposez le saumon, l'oignon et les câpres. Poivrez et dégustez aussitôt.

Cheeseburger

4 pains à burger

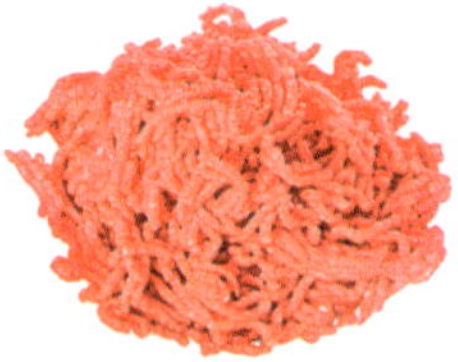

700 g de bœuf haché (à 15 % de MG)

4 tranches de cheddar

4 feuilles de laitue

1 tomate en tranches

+

huile de tournesol
1 oignon en rondelles
2 pickles en rondelles
ketchup
mayonnaise

POUR 4 PERSONNES

Préparation : 15 min / Cuisson : 8 min

1 Assaisonnez le bœuf, puis formez 4 steaks épais. Faites-les griller 6 à 8 min à l'huile dans une poêle très chaude (en fonte de préférence) ou au barbecue, en les retournant à mi-cuisson.

2 Déposez le fromage sur la viande 1 min avant la fin et posez un couvercle pour le faire fondre.

3 Réchauffez les pains ouverts 2 min sous le gril du four ou au barbecue, puis montez les cheeseburgers avec les garnitures de votre choix.

Pides au bœuf et aux épinards

300 g de pâte à pain (chez le boulanger)

150 g de bœuf haché

1 poignée de pousses d'épinards

1 oignon haché

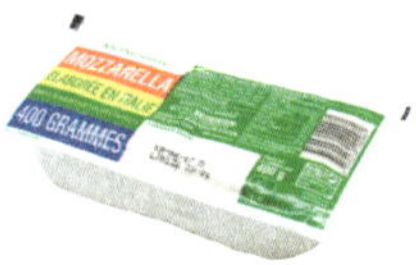

100 g de mozzarella spécial gratin

+

3 c. à soupe d'huile d'olive
cumin en poudre

POUR 6 PERSONNES

Préparation : 20 min / Cuisson : 13 min

1 Dans une sauteuse, faites revenir le bœuf et l'oignon 3 min avec l'huile, puis ajoutez les épinards et faites cuire 1 min de plus. Salez, poivrez et relevez de cumin.

2 Préchauffez le four à 290 °C avec la plaque à l'intérieur. Séparez la pâte en 2 et étalez-la pour obtenir 2 longs ovales. Déposez-les sur du papier sulfurisé. Étalez la garniture dessus, parsemez de mozzarella et repliez les bords sur la garniture en pinçant les pointes.

3 Sortez prudemment la plaque brûlante du four, faites glisser dessus le papier avec les pides et enfournez pour 9 min.

Empanadas au bœuf

1 pâte brisée

300 g de bœuf haché

1 oignon haché

2 œufs durs en quartiers

6 olives noires en rondelles

+

3 c. à soupe d'huile de tournesol
1 c. à soupe de concentré de tomate
1/2 c. à café de cumin en poudre
piment de Cayenne

POUR 6 PERSONNES

Préparation : 20 min / Cuisson : 20 min

—

1 Faites revenir le bœuf 5 min dans l'huile avec l'oignon. Ajoutez le concentré de tomate, le cumin, salez et relevez de piment. Laissez refroidir.

2 Découpez 6 disques dans la pâte. Garnissez-les avec la préparation et répartissez les œufs et les olives.

3 Repliez les disques en 2 sur la garniture, pressez les bords, puis imprimez les dents d'une fourchette dessus. Faites cuire les empenadas 15 min sur une plaque au four à 180 °C.

New York hot dog

4 pains à hot dog

4 saucisses de bœuf

2 oignons
en lamelles

2 c. à soupe
de ketchup

1 c. à soupe
de vinaigre blanc

+

3 c. à soupe d'huile
de tournesol
moutarde
américaine
(facultatif)

POUR 4 PERSONNES

Préparation : 10 min / Cuisson : 15 min

1 Faites cuire les oignons à feu doux 7 min dans un peu d'huile sans colorer. Salez, poivrez et mélangez avec le ketchup et le vinaigre.

2 Mettez les saucisses à griller 5 min avec le reste d'huile dans une grande poêle ou au barbecue. Gardez-les au chaud et, à la place, faites chauffer les pains ouverts à plat 3 min.

3 Garnissez les pains avec la saucisse, les oignons au ketchup, de la moutarde ou pas, selon votre goût, encore du ketchup et servez aussitôt.

Œufs en nids de briochette

4 œufs

4 brioches
(chez le boulanger)

200 g de lardons

4 c. à café de crème liquide (à 15 % de MG)

POUR 4 PERSONNES

Préparation : 10 min / Cuisson : 10 min

1 Coupez la tête des brioches, puis évidez-les avec une cuillère. Déposez-y quelques lardons et cassez 1 œuf dedans.

2 Assaisonnez, arrosez de crème et replacez la tête. Enfournez pour 10 min environ à 180 °C.

Bricks à l'œuf

4 feuilles de brick

4 œufs

130 g de thon au naturel

2 c. à soupe de persil ciselé

1 c. à soupe d'huile d'olive

POUR 4 PERSONNES

Préparation : 10 min / Cuisson : 4 min

1 Étalez les feuilles de brick, cassez 1 œuf sur chacune d'elles et répartissez le thon émietté. Parsemez de persil, assaisonnez et repliez les feuilles en 4.

2 Dans une poêle, faites cuire les bricks 2 min de chaque côté dans l'huile. Servez chaud.

Briouats de pommes de terre au thon

4 feuilles de brick

4 pommes de terre en cubes

1 boîte de thon à la catalane

1 œuf

10 cl d'huile d'olive

1 citron

POUR 4 PERSONNES

Préparation : 15 min / Cuisson : 30 min

1 Faites cuire les pommes de terre 15 min à l'eau bouillante salée. Écrasez-les grossièrement à la fourchette avec le thon et l'œuf, salez et poivrez. Garnissez-en les feuilles de brick et repliez-les en triangle.

2 Faites chauffer l'huile dans une grande poêle. Faites-y frire les bricks 5 ou 6 min en 2 fournées, jusqu'à ce qu'ils soient bien dorés, en les retournant à mi-cuisson. Égouttez sur du papier absorbant et servez aussitôt avec des quartiers de citron.

Pizzas, quiches & Cie

Pizza d'été

1 pâte à pizza

5 c. à soupe
de sauce tomate

4 oignons nouveaux
émincés

1 poivron orange
en lanière

1 courgette râpée

+

1 c. à soupe
de câpres
30 g de gruyère râpé
2 pincées d'origan
séché

POUR 4 PERSONNES

Préparation : 10 min / Cuisson : 20 min

1 Étalez la sauce tomate sur la pâte. Répartissez-y les oignons, le poivron et la courgette. Ajoutez les câpres, puis parsemez de gruyère et d'origan.

2 Glissez sur une plaque perforée et enfournez pour 20 min à 180 °C.

VEGGIE

PETIT BUDGET

Pizza filo

4 feuilles de filo

4 tomates
en rondelles

4 oignons nouveaux
émincés

2 boules
de mozzarella
en tranches

60 g de parmesan
râpé

+

2 jaunes d'œufs
10 feuilles de basilic

POUR 4 PERSONNES

Préparation : 10 min / Cuisson : 15 min

1 Superposez les feuilles de filo en badigeonnant chacune d'elles avec les jaunes d'œufs battus.

2 Répartissez les tomates, les oignons et la mozzarella.

3 Parsemez de parmesan, puis ajoutez le basilic. Enfournez pour 15 min à 180 °C.

VEGGIE

Pizza blanche

1 pâte à pizza

4 c. à soupe de ricotta

1 c. à soupe de crème liquide (à 15 % de MG)

1 boule de mozzarella en fines tranches

200 g de blanc de poulet cuit en petits dés

POUR 4 PERSONNES

Préparation : 10 min / Cuisson : 20 min

1 Fouettez la ricotta avec la crème et du poivre. Étalez le mélange sur la pâte. Répartissez la mozzarella et le poulet cuit.

2 Glissez sur une plaque perforée et enfournez pour 20 min à 180 °C.

Calzone regina

1 fine pâte à pizza

1 tranche de jambon

1 œuf

3 champignons de Paris émincés

1/2 boule de mozzarella

3 c. à soupe de crème fraîche

POUR 2 PERSONNES

Préparation : 5 min / Cuisson : 5 min

1 Préchauffez le four à 290 °C avec la plaque à mi-hauteur. Déroulez la pâte et laissez-la sur son papier.

2 Sur une moitié, étalez la crème, puis drapez le jambon sur le dessus en formant un petit nid. Cassez-y l'œuf et recouvrez de champignons et de mozzarella. Poivrez, repliez la pâte et fermez le calzone en formant un petit bourrelet.

3 Sortez prudemment la plaque brûlante du four, faites-y glisser le calzone avec son papier et faites cuire 5 min, en surveillant la cuisson.

Pizza caprese

1 fine pâte à pizza

1 boule de mozzarella en tranches

2 petites tomates en rondelles

6 c. à soupe de sauce tomate cuisinée

quelques feuilles de basilic ciselé

2 c. à soupe d'huile d'olive

POUR 2 PERSONNES

Préparation : 5 min / Cuisson : 5 min

1 Préchauffez le four à 290 °C avec la plaque à mi-hauteur. Déroulez la pâte et laissez-la sur son papier.

2 Tartinez-la de sauce tomate, puis recouvrez-la avec la mozzarella et les tomates. Arrosez d'huile, salez et poivrez.

3 Sortez prudemment la plaque brûlante du four, faites-y glisser la pizza avec son papier et faites cuire 5 min, tout en surveillant. Servez aussitôt, parsemé de basilic.

VEGGIE

Flammekueche

1 pâte à pizza

2 oignons finement émincés

6 c. à soupe de crème fraîche

6 c. à soupe de fromage blanc

100 g de lardons

POUR 2 PERSONNES

Préparation : 15 min / Cuisson : 8 min

1 Préchauffez le four à 290 °C avec la plaque à mi-hauteur. Étalez la pâte au rouleau pour la rendre la plus fine possible. Déposez-la sur une feuille de papier sulfurisé.

2 Dans un bol, mélangez la crème et le fromage blanc, salez peu à cause des lardons, poivrez et étalez le mélange sur la pâte. Parsemez de lardons et d'oignon.

3 Sortez prudemment la plaque brûlante du four, faites-y glisser la flammekueche avec son papier et faites cuire 8 min.

PETIT BUDGET

LIQUEUR VITALIE
M. CHAVIN

Quiche au thym

1 pâte brisée

70 g de gruyère râpé

200 g de lardons

25 cl de crème fraîche

1 œuf

1 branche de thym

POUR 6 PERSONNES

Préparation : 15 min / Cuisson : 35 min

1 Déroulez la pâte dans un moule à tarte et piquez-la avec une fourchette. Déposez quelques haricots secs sur le fond et enfournez pour 10 min à 180 °C. Sortez le fond de tarte du four et ôtez les haricots.

2 Parsemez de gruyère et de lardons, puis recouvrez de crème. Versez l'œuf battu et saupoudrez généreusement de thym effeuillé. Poivrez. Enfournez pour 20 à 25 min à même température.

PETIT BUDGET

Quiche sans pâte à La Vache qui rit

5 Vache qui rit®

40 cl de lait

4 œufs

80 g de farine

120 g de lardons

1 pincée de muscade râpée

POUR 4 PERSONNES

Préparation : 10 min / Cuisson : 30 min

1 Mixez le fromage, le lait et les œufs dans un blender jusqu'à obtenir une pâte lisse.

2 Versez le mélange dans un saladier, puis ajoutez la farine en fouettant, la muscade, salez et poivrez.

3 Répartissez les lardons dans un moule à tarte tapissé de papier sulfurisé. Recouvrez de pâte et enfournez pour 30 min à 180 °C.

PETIT BUDGET

Tarte fine à la tomate

1 pâte feuilletée

5 tomates bien mûres en rondelles

2 ou 3 c. à soupe de moutarde à l'ancienne

1 c. à café d'herbes de Provence

POUR 4 PERSONNES

Préparation : 10 min / Cuisson : 30 min

1 Déroulez la pâte dans un moule à tarte et piquez-la avec une fourchette. Badigeonnez-la de moutarde.

2 Disposez-y les tomates et saupoudrez d'herbes. Enfournez pour 30 min environ à 200 °C.

VEGGIE

Tarte soufflée au comté

1 pâte brisée

300 g de comté en lamelles

3 œufs

20 cl de crème liquide

15 cl de lait écrémé

1 c. à soupe de farine

POUR 4 PERSONNES

Préparation : 10 min / Cuisson : 30 min

1 Séparez les blancs d'œufs des jaunes et fouettez les jaunes avec la crème, le lait et la farine.

2 Ajoutez le comté, puis les blancs montés en neige en mélangeant délicatement.

3 Étalez la pâte dans un moule à tarte tapissé de papier sulfurisé. Versez la préparation et enfournez pour 30 min à 180 °C.

VEGGIE

PETIT BUDGET

Presque tarte à l'oignon

4 oignons émincés

70 g de farine

2 œufs

35 cl de lait

3 pincées de gruyère râpé

10 g de beurre

POUR 4 PERSONNES

Préparation : 10 min / Cuisson : 30 min

1 Dans une poêle antiadhésive, faites revenir les oignons dans le beurre.

2 Fouettez la farine dans un saladier avec les œufs et le lait. Incorporez les oignons et le gruyère.

3 Répartissez la préparation dans un moule à tarte tapissé de papier sulfurisé et enfournez pour 25 min à 180 °C.

VEGGIE

PETIT BUDGET

Spanakopita

6 feuilles de filo

600 g d'épinards en branches surgelés

250 g de ricotta

200 g de feta

2 œufs

+

1 oignon haché
2 gousses d'ail hachées
10 cl d'huile d'olive

POUR 4 PERSONNES

Préparation : 15 min / Cuisson : 30 min

1 Essorez fortement les épinards décongelés dans un torchon. Faites dorer l'oignon et l'ail 5 min avec 2 c. à soupe d'huile. Dans un saladier, mélangez-les avec les épinards, la ricotta, la feta et les œufs, salez et poivrez.

2 Huilez un moule à manqué. Empilez 4 feuilles de filo en croix en les huilant une par une. Versez la garniture, puis recouvrez avec les 2 autres feuilles huilées. Bordez les feuilles du haut sous la garniture et repliez celles du bas vers le centre en les drapant.

3 Enfournez pour 25 min à 180 °C, le temps que le dessus soit bien doré. Servez tiède.

Cake plein été

100 g de feta

100 g de tomates séchées hachées

180 g de farine

1 sachet de levure chimique

2 œufs

+

10 cl de lait
2 c. à soupe de basilic ciselé

POUR 4 PERSONNES

Préparation : 10 min / Cuisson : 25 min

1 Mélangez la farine, la levure, les œufs et le lait. Ajoutez la feta écrasée à la fourchette, les tomates et le basilic en fouettant.

2 Assaisonnez et versez la pâte dans un moule à cake tapissé de papier sulfurisé. Enfournez pour 25 min à 180 °C.

VEGGIE

PETIT BUDGET

Croque-cake dinde-chèvre

10 tranches de pain de mie

8 tranches de jambon de dinde

50 g de chèvre frais

20 cl de crème liquide

3 œufs

1 c. à soupe de parmesan râpé

POUR 4 PERSONNES

Préparation : 10 min / Cuisson : 30 min

1 Dans une casserole, faites fondre le chèvre écrasé à la fourchette dans la crème, laissez tiédir et ajoutez les œufs en fouettant. Assaisonnez. Coupez la croûte du pain.

2 Dans un moule à cake, déposez une première couche de pain, arrosez de crème au chèvre et recouvrez de jambon. Continuez jusqu'à épuisement des ingrédients en terminant par une couche de pain.

3 Versez le reste de la crème, parsemez de parmesan et enfournez pour 25 min à 210 °C.

PETIT BUDGET

Pain de poisson brioché

250 g de saumon au naturel

4 tranches de pain brioché

20 cl de lait

5 œufs

quelques brins de ciboulette ciselée

+

baies roses
sauce à la crème tomatée

POUR 4 PERSONNES

Préparation : 10 min / Cuisson : 30 min

1 Émiettez le pain dans le lait. Ajoutez les œufs battus et le saumon. Salez et poivrez.

2 Versez la préparation dans un moule à cake beurré et enfournez pour 30 min à 150 °C.

3 Servez parsemé de ciboulette et de baies roses, avec une sauce à la crème tomatée.

Les bonnes pâtes

Risotto de coquillettes et petits pois

300 g de coquillettes

150 g de petits pois surgelés

200 g de champignons de Paris en conserve

1 échalote émincée

60 cl de bouillon de légumes chaud

+

1 filet d'huile d'olive
4 c. à soupe de crème de soja
2 c. à soupe de parmesan râpé
1 c. à soupe de persil ciselé

POUR 4 PERSONNES

Préparation : 10 min / Cuisson : 15 min

—

1 Dans une sauteuse, faites revenir l'échalote dans l'huile. Ajoutez les pâtes, mélangez et versez le bouillon.

2 Faites cuire 10 min environ à feu doux en remuant, jusqu'à absorption du bouillon.

3 Ajoutez les petits pois, les champignons et la crème de soja. Parsemez de parmesan, de persil et poursuivez la cuisson 3 min.

VEGGIE

PETIT BUDGET

Penne all'arrabbiata

320 g de penne

1 petite boîte de tomates concassées

2 petits piments rouges épépinés

2 gousses d'ail

50 g de pecorino

+

huile d'olive
2 c. à soupe de persil haché

POUR 4 PERSONNES

Préparation : 10 min / Cuisson : 30 min

1 Hachez les piments avec l'ail et faites-les revenir dans une grande poêle 1 min à l'huile, puis ajoutez les tomates, salez et laissez mijoter 20 min à couvert.

2 Pendant ce temps, faites cuire les pâtes *al dente*.

3 Égouttez-les et ajoutez-les aussitôt dans la poêle. Faites chauffer le tout à feu vif avec un peu d'eau de cuisson des pâtes si nécessaire. Servez aussitôt, parsemé de copeaux de pecorino et de persil.

VEGGIE

Pasta alla norma

320 g de casarecce

1 aubergine en petits dés

2 tomates bien mûres en dés

125 g de ricotta en dés

3 gousses d'ail émincées

+

huile d'olive
basilic ciselé

POUR 4 PERSONNES

Préparation : 10 min / Cuisson : 25 min

—

1 Dans une grande poêle, faites revenir l'aubergine avec l'ail 5 min à feu vif avec un peu d'huile. Salez, ajoutez les tomates et laissez mijoter 10 min de plus.

2 Pendant ce temps, faites cuire les pâtes *al dente*.

3 Égouttez les pâtes et ajoutez-les aussitôt dans la poêle. Faites chauffer le tout à feu vif avec un peu d'eau de cuisson des pâtes. Ajoutez la ricotta, mélangez et servez aussitôt, parsemé de basilic

VEGGIE

Farfalle à l'italienne

150 g de farfalle

220 g d'un mélange de légumes pour ratatouille surgelé

60 g de mozzarella en dés

1 gousse d'ail écrasée

1 c. à soupe d'huile d'olive

POUR 4 PERSONNES

Préparation : 10 min / Cuisson : 10 min

1 Faites cuire les pâtes à l'eau bouillante salée.

2 Pendant ce temps, faites cuire les légumes 10 min environ dans une poêle antiadhésive en remuant régulièrement.

3 Ajoutez les pâtes aux légumes, puis incorporez l'ail et l'huile. Salez, poivrez et parsemez de mozzarella.

VEGGIE

PETIT BUDGET

Méli-mélo de tagliatelles

500 g de tagliatelles fraîches

2 courgettes

150 g de feta émiettée

70 g de noix concassées

1 citron

1 c. à soupe d'huile d'olive

POUR 4 PERSONNES

Préparation : 10 min / Cuisson : 15 min

1 Faites cuire les pâtes *al dente* à l'eau bouillante salée.

2 Pendant ce temps, faites cuire les courgettes détaillées en lanières à l'Économe ou à la mandoline 4 min à couvert au micro-ondes avec 2 c. à soupe d'eau.

3 Versez les pâtes cuites dans une sauteuse avec l'huile. Ajoutez les courgettes, la feta, les noix, le jus et le zeste du citron. Mélangez et assaisonnez. Laissez mijoter 3 min à feu doux.

VEGGIE

PETIT BUDGET

Pâtes aux aubergines et au gorgonzola

500 g de fettuccine

2 aubergines en petits dés

300 g de gorgonzola en morceaux

1 c. à soupe de persil ciselé

1 c. à soupe d'huile d'olive

POUR 4 PERSONNES

Préparation : 10 min / Cuisson : 30 min

1 Dans une sauteuse, faites revenir les aubergines avec l'huile. Ajoutez un fond d'eau, salez, couvrez et laissez mijoter 20 min.

2 Pendant ce temps, faites cuire les pâtes *al dente*.

3 Incorporez les pâtes cuites, puis le gorgonzola. Parsemez de persil et faites chauffer 3 min de plus à feu doux.

VEGGIE

PETIT BUDGET

Tagliatelles vertes au brocoli

500 g de tagliatelles vertes

250 g de brocoli en bouquets

1 poignée d'épinards

1 c. à soupe de crème fraîche

40 g de parmesan râpé

15 g de beurre

POUR 4 PERSONNES

Préparation : 10 min / Cuisson : 12 min

1 Faites cuire les pâtes *al dente* et le brocoli.

2 Pendant ce temps, dans une sauteuse, faites revenir les épinards 3 min dans le beurre en remuant.

3 Ajoutez le brocoli et la crème dans la sauteuse, puis les pâtes cuites et le parmesan. Assaisonnez et faites réchauffer à feu doux.

VEGGIE

PETIT BUDGET

Lasagnes à la riste d'aubergine

6 feuilles de lasagnes sans précuisson

600 g de riste d'aubergine

150 g de gruyère râpé

15 cl de lait

2 c. à soupe de crème liquide

POUR 4 PERSONNES

Préparation : 15 min / Cuisson : 30 min

1 Dans un plat à four huilé, mettez 1 feuille de lasagne. Recouvrez d'une couche de riste et d'un peu de gruyère. Répétez l'opération 4 fois et finissez par 1 feuille de lasagne et du gruyère.

2 Battez le lait avec la crème. Versez dans le plat et enfournez pour 30 min à 180 °C.

VEGGIE

Conchiglioni farcis aux épinards

500 g
de conchiglioni

500 g de ricotta

300 g d'épinards
hachés

2 oignons émincés

250 g de tomates
concassées

+

1 c. à soupe d'huile
d'olive
1 c. à soupe
de parmesan râpé

POUR 4 PERSONNES

Préparation : 10 min / Cuisson : 20 min

—

1 Faites cuire les conchiglioni *al dente*. Mélangez la ricotta avec les épinards, du sel et du poivre. Farcissez-en les pâtes.

2 Faites revenir les oignons dans l'huile et ajoutez les tomates. Assaisonnez et laissez mijoter quelques minutes.

3 Déposez le coulis de tomate dans un plat allant au four, puis les pâtes farcies. Parsemez de parmesan et enfournez pour 15 min à 210 °C.

VEGGIE

Mac and cheese

300 g de macaroni

150 g de cheddar râpé

1 c. à soupe de fécule de maïs

1 c. à soupe de moutarde anglaise

35 cl de lait

POUR 4 PERSONNES

Préparation : 5 min / Cuisson : 30 min

1 Faites cuire les pâtes *al dente*. Égouttez-les.

2 Dans un grand saladier, délayez la fécule avec la moutarde, puis le lait. Ajoutez les pâtes et le fromage, salez et poivrez.

3 Versez dans un plat à four et faites gratiner 20 min à 200 °C.

VEGGIE

Spaetzles

2 œufs

200 g de farine

30 g de beurre

70 g de gruyère râpé

quelques feuilles de persil ciselé

POUR 4 PERSONNES

Préparation : 5 min / Cuisson : 3 min

1 Faites chauffer une grande casserole d'eau salée. Dans un saladier, fouettez les œufs avec 10 cl d'eau et 1/2 c. à café de sel, puis incorporez la farine.

2 Versez la pâte dans l'eau frémissante en utilisant une râpe. Dès que les spaetzles remontent à la surface, égouttez-les.

3 Faites-les revenir 1 min avec le beurre à la poêle et servez-les parsemés de fromage et d'herbes.

VEGGIE

Linguine à la pancetta

500 g de linguine

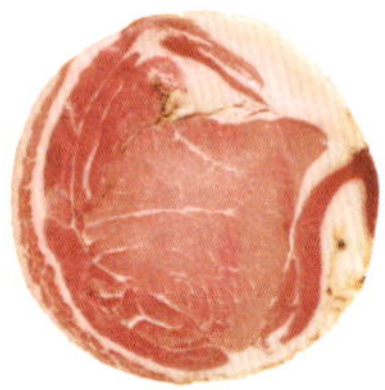

12 tranches de pancetta

50 g de tomates séchées

1 poignée de roquette

30 g de parmesan

+

1 gousse d'ail écrasée
1 c. à soupe d'huile d'olive

POUR 4 PERSONNES

Préparation : 10 min / Cuisson : 8 min

1 Faites cuire les pâtes *al dente*. Égouttez.

2 Dans une sauteuse, saisissez les pâtes cuites et l'ail pendant 1 min avec l'huile en remuant.

3 Répartissez-les dans des assiettes creuses, puis ajoutez les tomates et la pancetta coupées en lanières et la roquette. Parsemez de copeaux de parmesan réalisés à l'Économe et salez.

Spaghettis carbonara

320 g de spaghettis

16 fines tranches de pancetta

2 œufs + 2 jaunes

75 g de pecorino râpé

1 c. à café de poivre mignonnette

POUR 4 PERSONNES

Préparation : 15 min / Cuisson : 12 min

1 Faites dorer la pancetta à feu doux dans une grande poêle jusqu'à ce qu'elle soit bien croustillante. Faites cuire ensuite les pâtes *al dente*.

2 Pendant ce temps, dans un grand saladier, battez les œufs et les jaunes à la fourchette avec le pecorino.

3 Ajoutez la pancetta grossièrement émiettée et les spaghettis égouttés encore bouillants. Poivrez bien et mélangez vite (la chaleur va cuire les œufs). Servez aussitôt.

Lasagnes à la bolognaise

12 feuilles de lasagne sans précuisson

800 g de sauce bolognaise

40 g de beurre

60 cl de lait

75 g de parmesan râpé

+

25 g de farine
muscade râpée

POUR 4 PERSONNES

Préparation : 10 min / Cuisson : 40 min

1 Dans une casserole, faites fondre le beurre à feu doux, incorporez la farine en fouettant, puis versez le lait. Laissez épaissir 5 min, sans cesser de fouetter. Salez, poivrez et relevez de muscade.

2 Dans un plat à gratin, mettez le quart de la béchamel, le tiers de la bolognaise, puis 4 feuilles de lasagne. Répétez 2 fois ces opérations en finissant par de la béchamel mélangée au parmesan. Enfournez pour 30 à 35 min à 180 °C.

Nouilles chinoises au canard

200 g de nouilles chinoises

2 magrets de canard

1 tête de brocoli en bouquets

2 carottes en dés

50 g de noix de cajou concassées

\+

1 c. à soupe de vinaigre balsamique
2 c. à soupe de miel
4 c. à soupe de sauce soja

POUR 4 PERSONNES

Préparation : 15 min / Cuisson : 16 min

1 Mélangez le vinaigre, le miel et la sauce soja dans un bol. Faites cuire le brocoli, les carottes et les nouilles 5 min dans une casserole d'eau bouillante.

2 Dans une poêle, faites cuire les magrets 5 min côté peau et 3 min côté chair. Retirez la peau et coupez la chair en fines tranches.

3 Mettez les légumes dans une sauteuse avec le magret, ajoutez la sauce et les noix de cajou, mélangez et faites réchauffer 3 min.

Trofie au pesto

320 g de trofie

3 gousses d'ail

1 bouquet de basilic

10 cl d'huile d'olive

1 c. à soupe de jus de citron

3 c. à soupe de pignons de pin

POUR 4 PERSONNES

Préparation : 10 min / Cuisson : 8 min

1 Dans le bol d'un robot, hachez l'ail avec le basilic. Continuez de mixer en versant l'huile en filet par l'ouverture du couvercle, puis le jus de citron, jusqu'à obtenir un pesto. Assaisonnez.

2 Faites cuire les pâtes *al dente* à l'eau bouillante salée.

3 Pendant ce temps, dans une poêle, faites dorer les pignons à l'huile sans cesser de remuer. Égouttez les pâtes et ajoutez-les aussitôt dans la poêle. Ajoutez du pesto selon votre goût, mélangez tout en faisant chauffer à feu vif avec un peu d'eau de cuisson des pâtes si nécessaire.

VEGGIE

One pan pasta au thon

250 g de tagliatelles

150 g de thon au naturel

1 oignon émincé

150 g de pulpe de tomate

2 c. à soupe de basilic ciselé

POUR 4 PERSONNES

Préparation : 5 min / Cuisson : 15 min

1 Dans une grande casserole, émiettez le thon, puis ajoutez l'oignon, les pâtes et la pulpe de tomate. Versez 40 cl d'eau, mélangez et portez à ébullition.

2 Faites cuire 15 min à feu doux. Assaisonnez et parsemez de basilic.

PETIT BUDGET

Volaille & viande

Enchiladas de poulet

4 tortillas de maïs

4 blancs de poulet en dés

1 poivron rouge en lamelles

150 g de cheddar râpé

1 pot de sauce tomate cuisinée

+

1 oignon haché
huile de tournesol
2 c. à soupe d'épices mexicaines

POUR 4 PERSONNES

Préparation : 20 min / Cuisson : 15 min

1 Faites revenir le poulet, le poivron et l'oignon 5 min dans un peu d'huile avec la moitié des épices. Assaisonnez et ajoutez la moitié du fromage.

2 Garnissez les tortillas de cette préparation, roulez-les bien serrées et déposez-les dans un plat à gratin.

3 Mélangez la sauce tomate avec le reste des épices et versez dessus. Parsemez du reste de fromage et faites gratiner 15 min au four à 200 °C.

Poêlée de poulet aux courgettes et aux tomates

4 blancs de poulet en morceaux

3 courgettes en morceaux

6 tomates cerises

1 c. à café de paprika

1 bouquet de romarin

2 c. à soupe d'huile d'olive

POUR 4 PERSONNES

Préparation : 10 min / Cuisson : 25 min

1 Saupoudrez le poulet de paprika. Faites-le cuire à la poêle 10 min dans 1 c. à soupe d'huile.

2 Dans une sauteuse, faites revenir les courgettes 10 min environ dans le reste d'huile en remuant.

3 Ajoutez le poulet, les tomates coupées en 2 et le romarin. Assaisonnez, couvrez et poursuivez la cuisson 5 min à feu doux.

Poulet doré au miel

750 g de poulet (pilons ou ailerons)

2 c. à soupe de miel

4 gousses d'ail écrasées

4 c. à soupe d'huile de tournesol

2 c. à soupe de sauce soja

2 c. à soupe de coriandre en poudre

POUR 4 PERSONNES

Préparation : 5 min / Cuisson : 20 min

1 Mélangez le miel, l'ail, l'huile, la sauce soja, la coriandre, du sel, du poivre et 4 c. à soupe d'eau jusqu'à ce que la sauce soit homogène.

2 Versez sur le poulet et laissez éventuellement mariner 15 min. Faites cuire 15 à 20 min à la poêle à feu moyen.

Couscous de poulet aux courgettes

400 g de semoule fine

4 cuisses de poulet

2 courgettes en morceaux

1 petit bocal de pois chiches

1 oignon émincé

+

2 c. à soupe d'épices à couscous
2 c. à soupe de raisins secs
1 c. à soupe de harissa (facultatif)

POUR 4 PERSONNES

Préparation : 15 min / Cuisson : 30 min

—

1 Mettez le poulet, l'oignon et les épices dans une marmite. Couvrez d'eau juste à hauteur, assaisonnez. Faites cuire 30 min à couvert et à petite ébullition, en ajoutant les courgettes, les pois chiches égouttés et rincés, et les raisins à mi-cuisson.

2 Pendant ce temps, faites cuire la semoule le temps indiqué sur l'emballage.

3 Servez la semoule avec le poulet, les légumes et le bouillon à part. Délayez la harissa avec un peu de bouillon dans un bol si vous le souhaitez.

Tajine de poulet au citron et aux olives

4 cuisses de poulet en morceaux

1 citron confit au sel en morceaux

150 g d'olives vertes farcies aux amandes

3 oignons émincés

1/2 bouquet de coriandre ciselée

+

5 c. à soupe d'huile d'olive
1 c. à soupe de ras el-hanout

POUR 4 PERSONNES

Préparation : 10 min / Cuisson : 35 min

—

1 Dans une cocotte, faites revenir le poulet et les oignons 10 min avec l'huile.

2 Ajoutez le citron, les olives, le ras el-hanout et 25 cl d'eau. Couvrez et laissez mijoter 25 min. Parsemez de coriandre au moment de servir.

Chicken rice

4 blancs de poulet

250 g de riz basmati

6 cm de gingembre

4 gousses d'ail émincées

1/2 concombre en rondelles

+

2 c. à soupe d'huile de sésame
50 cl de bouillon de poulet
2 oignons nouveaux en rondelles
sauce sweet chili

POUR 4 PERSONNES

Préparation : 20 min / Cuisson : 20 min

1 Coupez le poulet en tranches épaisses et mettez-le dans une petite marmite avec la moitié du gingembre coupé en tranches. Salez, ajoutez de l'eau à hauteur, couvrez et laissez mijoter 15 à 20 min à très petit feu.

2 Pendant ce temps, faites revenir l'ail avec l'huile dans une sauteuse, sans le colorer, puis ajoutez le riz et le bouillon. Couvrez et laissez cuire 15 à 20 min à feu très doux, le temps que le bouillon soit absorbé.

3 Déposez le poulet sur le riz. Servez avec le concombre, le reste du gingembre haché, les oignons et la sauce.

Yakitori de poulet aux poireaux

4 blancs de poulet

6 poireaux très fins

2 c. à soupe d'huile de tournesol

3 c. à soupe de sauce soja sucrée

POUR 4 PERSONNES

Préparation : 10 min / Cuisson : 6 min

1 Coupez chaque blanc de poulet en 3 bandes, puis chaque bande en 5 morceaux. Coupez les poireaux en tronçons de 4 cm. Enfilez 3 morceaux de poulet et 2 de poireau sur 20 piques en bambou, puis huilez-les au pinceau.

2 Faites cuire les brochettes 6 min sur une plancha ou au barbecue, en les retournant et en les badigeonnant de sauce soja à plusieurs reprises. Servez avec un bol de riz blanc.

Sauté de dinde à la moutarde à l'ancienne

600 g de filet de dinde émincé

2 c. à soupe de moutarde à l'ancienne

5 cl de vin blanc sec

1 oignon émincé

20 cl de crème liquide (à 15 % de MG)

+

20 g de beurre
2 c. à soupe de ciboulette ciselée

POUR 4 PERSONNES

Préparation : 10 min / Cuisson : 6 min

1 Dans une sauteuse, faites revenir l'oignon dans le beurre. Ajoutez la dinde et faites cuire 4 min à feu vif en remuant. Assaisonnez et réservez dans une assiette.

2 Déglacez la sauteuse avec le vin, ajoutez la moutarde et la crème. Laissez épaissir 1 min à feu moyen.

3 Remettez la viande et les oignons dans la sauteuse et laissez mijoter quelques minutes à feu doux en remuant. Parsemez de ciboulette.

PETIT BUDGET

Bœuf aux oignons et aux pois gourmands

400 g de bavette de bœuf

2 oignons émincés

200 g de pois gourmands

4 c. à soupe de sauce soja

1 c. à soupe de gingembre haché

+

1 c. à soupe de fécule de maïs
4 c. à soupe d'huile de tournesol
2 c. à café de cassonade

POUR 4 PERSONNES

Préparation : 15 min / Cuisson : 7 min

1 Coupez la viande en lanières épaisses. Dans un bol, délayez la fécule avec la sauce soja et 10 cl d'eau.

2 Faites sauter les oignons 4 min à la poêle ou dans un wok dans l'huile très chaude avec le gingembre et la cassonade. Retirez-les, puis faites sauter le bœuf et les pois gourmands 2 min. Le bœuf doit rester saignant.

3 Remettez les oignons, le contenu du bol et faites cuire 1 min de plus sans cesser de remuer, le temps que la sauce épaississe. Servez avec du riz blanc.

M.CHAVIN

Courgettes farcies

8 courgettes rondes

600 g de bœuf haché

1 oignon haché

1 gousse d'ail hachée

100 g de pignons de pin

+

1 c. à soupe d'huile d'olive
1 c. à café de ras el-hanout

POUR 4 PERSONNES

Préparation : 15 min / Cuisson : 30 min

1 Coupez le chapeau des courgettes et évidez-les avec une cuillère parisienne.

2 Hachez la chair des courgettes et faites-la cuire dans l'huile avec l'oignon, l'ail, la viande assaisonnée, le ras el-hanout et les pignons.

3 Farcissez les courgettes et remettez les chapeaux. Faites-les cuire 20 min à feu moyen dans une cocotte avec un fond d'eau.

Couscous de boulettes express

1 kg d'un mélange de légumes pour couscous surgelé

500 g de bœuf haché

1 oignon émincé

1 cube de bouillon de bœuf

2 c. à soupe de ras el-hanout

+

50 g de mie de pain
50 cl de lait
1 c. à soupe de menthe ciselée
1 c. à café d'épices kefta
1 c. à soupe d'huile d'olive

POUR 4 PERSONNES

Préparation : 15 min / Cuisson : 30 min

1 Versez les légumes dans une cocotte, recouvrez d'eau, ajoutez le cube de bouillon et le ras el-hanout. Portez à ébullition, couvrez et laissez cuire 25 min.

2 Pendant ce temps, mélangez la viande, l'oignon, le pain trempé dans le lait, la menthe et les épices. Formez des boulettes et faites-les cuire 5 min à la poêle dans l'huile.

3 Répartissez les boulettes sur les légumes et poursuivez la cuisson 5 min.

Bœuf Stroganoff

4 de pavés
de bœuf

150 g
de champignons
de Paris émincés

1 gros d'oignon
émincé

2 c. à café de paprika

25 cl de crème
liquide entière

+

huile de tournesol
1 c. à café
de concentré
de tomate

POUR 4 PERSONNES

Préparation : 15 min / Cuisson : 10 min

—

1 Faites sauter l'oignon dans l'huile avec les champignons 5 min. Réservez.

2 Coupez la viande en lanières épaisses. Dans la même poêle, faites sauter le bœuf à feu vif avec le paprika. Salez et poivrez. Versez la crème mélangée au concentré de tomate et faites réduire 2 min de plus.

3 Remettez les champignons et l'oignon, mélangez et servez aussitôt avec des chips allumettes.

Polpette à la tomate

300 g de bœuf haché

300 g de porc haché

1 gros pot de sauce tomate cuisinée

2 tranches de pain de mie

2 œufs

+

2 échalotes hachées
2 gousses d'ail
2 c. à café d'origan séché
4 c. à soupe d'huile d'olive

POUR 4 PERSONNES

Préparation : 15 min / Cuisson : 20 min

1 Retirez la croûte du pain et mettez-le à tremper 2 min dans un peu d'eau tiède, puis essorez-le entre vos mains.

2 Dans un saladier, mélangez les viandes avec les œufs, les échalotes, l'ail, l'origan et le pain, assaisonnez. Formez des boulettes et faites-les revenir 5 min dans une sauteuse dans l'huile, jusqu'à ce qu'elles soient bien dorées.

3 Ajoutez la sauce tomate, couvrez et laissez mijoter 15 min à feu doux. Servez avec des spaghettis.

Moussaka

600 g de tranches d'aubergines grillées, décongelées

600 g de sauce bolognaise

300 g de ricotta

2 œufs

10 cl d'huile d'olive

+

10 cl de lait
1 c. à soupe de farine
muscade râpée
4 c. à soupe de chapelure

POUR 4 PERSONNES

Préparation : 15 min / Cuisson : 30 min

1 Dans un plat à gratin, alternez les tranches d'aubergine avec la sauce bolognaise.

2 Dans un saladier, fouettez la ricotta avec les œufs, le lait et la farine. Salez, poivrez et relevez de muscade. Versez sur les aubergines, parsemez de chapelure et enfournez pour 30 min à 200 °C.

Chili con carne

500 g de bœuf haché

1 grosse boîte de haricots rouges

1 oignon haché

1 poivron rouge en cubes

1 petite boîte de tomates concassées

+

4 c. à soupe d'huile de tournesol
2 c. à soupe d'épices mexicaines
Tabasco® (facultatif)

POUR 4 PERSONNES

Préparation : 15 min / Cuisson : 30 min

1 Faites revenir le bœuf 5 min dans l'huile avec l'oignon, le poivron et les épices.

2 Ajoutez les tomates et laissez mijoter 25 min.

3 À mi-cuisson, ajoutez les haricots égouttés et rincés. Relevez de Tabasco® si vous le souhaitez. Servez avec des chips de tortilla.

Bœuf à l'orange

400 g de bavette de bœuf

2 oranges

3 c. à soupe de sauce soja

1 1/2 c. à soupe de sauce aux huîtres

50 g de fécule de maïs

+

1 c. à soupe d'huile de sésame
1 c. à soupe de cassonade
10 cl d'huile de tournesol

POUR 4 PERSONNES

Préparation : 15 min / Cuisson : 7 min

1 Pressez 1 orange et coupez l'autre en demi-rondelles sans la peler. Dans une poêle, faites réduire de moitié pendant 5 min les 2 sauces, l'huile de sésame, le jus d'orange et la cassonade. Gardez au chaud.

2 Coupez la viande en lanières épaisses. Assaisonnez-les, passez-la dans la fécule et secouez bien. Faites-la frire 2 min dans l'huile de tournesol très chaude. Égouttez-la aussitôt dans une passoire et mettez-le dans la sauce à l'orange. Mélangez.

3 Déposez la viande sur du riz blanc, décorez avec les rondelles d'orange et servez aussitôt.

Veau à la normande

4 escalopes de veau

200 g de champignons de Paris émincés

10 cl de cidre brut

15 g de beurre

20 cl de crème liquide

POUR 4 PERSONNES

Préparation : 10 min / Cuisson : 15 min

1 Faites fondre le beurre dans une sauteuse et faites-y cuire les escalopes 5 min de chaque côté à feu doux. Réservez dans une assiette.

2 Placez les champignons dans la sauteuse et remuez. Déglacez avec le cidre et laissez réduire de moitié à feu doux.

3 Versez la crème, assaisonnez et remettez les escalopes. Faites chauffer quelques minutes.

Gratin de chou-fleur à la pancetta

1 chou-fleur en bouquets

6 tranches de pancetta

60 g de bûche de chèvre écrasé

50 g de gruyère râpé

2 c. à soupe de fécule de pomme de terre

50 cl de lait

POUR 4 PERSONNES

Préparation : 10 min / Cuisson : 30 min

1 Faites cuire le chou-fleur à la vapeur, puis répartissez-les dans un plat à gratin et recouvrez de pancetta.

2 Fouettez la fécule avec le lait dans une casserole et faites chauffer en remuant jusqu'à épaississement. Assaisonnez et nappez-en le chou-fleur.

3 Parsemez de chèvre et de gruyère. Enfournez pour 20 min à 180 °C.

PETIT BUDGET

Cordon-bleu à la bresaola et à la courgette

4 fines escalopes de dinde

4 tranches de bresaola

1 courgette en rondelles

1 œuf

6 biscottes

1 c. à soupe d'huile d'olive

POUR 4 PERSONNES

Préparation : 15 min / Cuisson : 10 min

1 Déposez sur chaque escalope 1 tranche de bresaola et des rondelles de courgette. Assaisonnez et pliez-les en 2 en appuyant bien. Maintenez avec une pique en bois.

2 Roulez les escalopes dans l'œuf battu, puis dans les biscottes mixées.

3 Dans une poêle, faites cuire les escalopes 5 min de chaque côté avec l'huile.

Saucisse et stoemp

4 saucisses de Toulouse

500 g de pommes de terre en dés

2 poireaux en rondelles

1 oignon haché

+

50 g de beurre

huile de tournesol
25 cl de lait
muscade râpée

POUR 4 PERSONNES

Préparation : 10 min / Cuisson : 20 min

1 Mettez les saucisses à cuire à feu doux à l'huile dans une sauteuse à couvert, le temps de préparer le stoemp.

2 Dans une casserole, faites fondre les poireaux et l'oignon 5 min avec la moitié du beurre. Ajoutez les pommes de terre et le lait, salez, puis laissez cuire 15 min à feu doux.

3 Écrasez grossièrement le contenu de la casserole à la fourchette ou au pilon. Ajoutez le reste de beurre, du poivre et de la muscade. Servez avec les saucisses.

Tortilla au chorizo

6 œufs

2 pommes de terre en tranches

2 oignons en tranches

150 g de chorizo en tranches

6 c. à soupe d'huile d'olive

POUR 4 PERSONNES

Préparation : 15 min / Cuisson : 25 min

1 Faites dorer les pommes de terre et les oignons avec la moitié de l'huile dans une poêle profonde. Ajoutez 15 cl d'eau, salez, couvrez et laissez cuire 10 min à feu doux en enlevant le couvercle à la fin. Réservez.

2 Dans la poêle, déposez les rondelles de chorizo en rosace en remontant sur les bords. Battez les œufs, salez et poivrez, puis mélangez-les aux pommes de terre.

3 Versez le tout doucement sur le chorizo, couvrez et faites cuire à feu doux 5 min de chaque côté en retournant la tortilla à l'aide d'un couvercle et en ajoutant le reste d'huile à ce moment. Servez tiède ou froid.

Irish stew

800 g d'épaule d'agneau désossée en cubes

400 g de pommes de terre grenailles

2 oignons hachés

400 g de carottes en rondelles

1 bouquet garni

+

50 g de beurre
1 cube de bouillon de volaille

POUR 4 PERSONNES

Préparation : 15 min / Cuisson : 35 min

1 Brossez les grenailles sous l'eau.

2 Dans une casserole, faites dorer l'agneau à feu vif 5 min avec les oignons et le beurre. Ajoutez les grenailles, les carottes, le bouquet garni, le cube de bouillon émietté et 40 cl d'eau. Salez et poivrez.

3 Couvrez et laissez mijoter 30 min à feu doux. Les légumes doivent être tendres, mais sans se défaire.

Korma d'agneau

800 g d'épaule d'agneau désossée en cubes

150 g de mélange apéritif exotique

30 cl de lait de coco

1 oignon haché

2 c. à soupe de pâte de curry rouge

+

huile de tournesol
1 yaourt grec

POUR 4 PERSONNES

Préparation : 15 min / Cuisson : 20 min

1 Faites revenir l'agneau avec l'oignon et le curry 5 min dans de l'huile.

2 Ajoutez le mélange apéritif et le lait de coco. Couvrez et laissez mijoter 10 min.

3 Ajoutez le yaourt et faites réduire 5 min de plus à découvert et à feu très doux. Servez avec du riz basmati ou des naans.

Brochettes d'agneau aux aubergines

600 g d'agneau haché

4 petites aubergines

2 gousses d'ail hachées

1/2 c. à café de cumin en poudre

4 c. à soupe d'huile d'olive

POUR 4 PERSONNES

Préparation : 10 min / Cuisson : 20 min

1 Mélangez l'agneau avec l'ail, salez, poivrez et relevez de cumin. Formez 12 boulettes.

2 Coupez les aubergines en 4 tronçons sans retirer la queue, salez. Enfilez chacune sur une brochette en la reconstituant et en alternant avec 3 boulettes d'agneau.

3 Badigeonnez d'huile et faites griller 20 min tout doucement au barbecue ou dans une poêle, jusqu'à ce que les aubergines soient tendres.

Plats végétariens

Tomates farcies végétariennes

4 grosses tomates

40 g d'amandes effilées

80 g de flocons d'avoine

1 bouquet de basilic ciselé

1 c. à soupe d'huile d'olive

POUR 4 PERSONNES

Préparation : 15 min / Cuisson : 22 min

1 Coupez le chapeau des tomates et prélevez la chair.

2 Faites chauffer l'huile dans une poêle et mettez-y la chair des tomates, les amandes, les flocons d'avoine et le basilic. Remuez pendant 2 min, assaisonnez et farcissez les tomates de ce mélange.

3 Répartissez les tomates dans un plat allant au four, recouvrez avec les chapeaux et enfournez pour 20 min à 180 °C.

LIGHT

PETIT BUDGET

Pancakes de courgettes râpées

4 courgettes râpées

2 c. à soupe de farine

1 œuf

10 cl de lait

3 Vache qui rit®

1 c. à soupe de ciboulette ciselée

POUR 4 PERSONNES

Préparation : 10 min / Cuisson : 20 min

1 Mélangez la farine, l'œuf, le lait et le fromage. Ajoutez les courgettes, la ciboulette et assaisonnez.

2 Dans une poêle antiadhésive, formez des pancakes et faites-les cuire 5 min de chaque côté à feu doux.

VEGGIE

PETIT BUDGET

Risotto petits pois, menthe et citron

200 g de riz rond

200 g de petits pois surgelés

quelques feuilles de menthe hachée

1 citron

+

1 l de bouillon de légumes chaud

1 échalote hachée
3 c. à soupe d'huile d'olive
50 g de parmesan râpé

POUR 4 PERSONNES

Préparation : 10 min / Cuisson : 25 min

1 Dans une sauteuse, faites blondir l'échalote avec le riz dans l'huile. Ajoutez le jus du citron et laissez-le s'évaporer. Ajoutez les petits pois et 2 louches de bouillon chaud, puis laissez le riz gonfler à feu doux.

2 Continuez d'ajouter le bouillon, 2 louches à la fois, tout en remuant, jusqu'à ce que le riz soit cuit. Comptez 20 min.

3 Coupez le feu, ajoutez une dernière louche de bouillon et le parmesan. Mélangez, poivrez, rectifiez le sel, couvrez et laissez reposer 5 min avant de servir, parsemé de menthe et de zeste de citron.

VEGGIE

Caponata

2 aubergines en dés

2 tomates en dés

1 branche de céleri en dés

1 oignon haché

+

1 c. à soupe de pignons de pin grillés

6 c. à soupe d'huile
2 c. à soupe de raisins secs
4 c. à soupe de vinaigre balsamique
1 c. à soupe de câpres

POUR 4 PERSONNES

Préparation : 15 min / Cuisson : 35 min

1 Dans une sauteuse, faites revenir l'oignon, les aubergines et le céleri avec l'huile 5 min à feu très vif.

2 Ajoutez les tomates, les raisins et le vinaigre, assaisonnez, puis faites confire 30 min à couvert. À la fin, découvrez pour laisser réduire le jus, puis ajoutez les câpres et les pignons.

3 Servez chaud, mélangé à des pâtes, ou froid, en entrée ou avec du poisson grillé.

VEGGIE

Clafoutis de tomates cerises au chèvre

500 g de tomates cerises

200 g de chèvre frais émietté

2 c. à café de basilic haché

3 œufs

1 c. à soupe de fécule de maïs

POUR 4 PERSONNES

Préparation : 15 min / Cuisson : 30 min

1 Dans un plat à gratin, rangez les tomates cerises, puis parsemez de chèvre et de basilic.

2 Battez les œufs en omelette avec la fécule, du sel et du poivre. Versez dans le plat et enfournez pour 30 min à 200 °C.

VEGGIE

LIGHT

PETIT BUDGET

Aubergines au parmesan

600 g de tranches d'aubergines grillées, dégelées

50 g de parmesan râpé

400 g de sauce tomate cuisinée

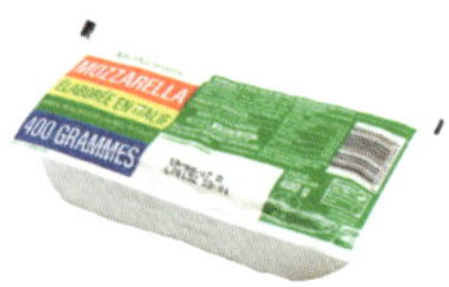

200 g de mozzarella spécial gratin

10 cl d'huile d'olive

quelques feuilles de basilic ciselé

POUR 4 PERSONNES

Préparation : 10 min / Cuisson : 30 min

1 Dans des plats à gratin individuels, alternez les tranches d'aubergine avec la sauce tomate.

2 Recouvrez de tranches de mozzarella, poivrez, parsemez de parmesan et enfournez pour 30 min à 200 °C. Décorez de basilic et servez aussitôt.

VEGGIE

Curry d'aubergines et d'épinards

2 aubergines
en dés

200 g d'épinards
en branches
surgelés

2 c. à soupe de pâte
de curry rouge

1 oignon haché

+

2 gousses d'ail
hachées

huile de tournesol
1 c. à soupe
de concentré
de tomate
1/2 bouquet
de coriandre hachée
1 yaourt grec

POUR 4 PERSONNES

Préparation : 10 min / Cuisson : 35 min

1 Dans une sauteuse, faites revenir les aubergines, l'oignon et l'ail 5 min à feu vif avec de l'huile.

2 Ajoutez les épinards, le curry et le concentré de tomate, assaisonnez. Couvrez et laissez mijoter 30 min à feu très doux.

3 Mélangez la coriandre au yaourt. Servez le curry avec cette sauce.

VEGGIE

Gratin de blettes à la brousse

1 botte de blettes

160 g de brousse

3 œufs

5 cl de crème liquide

40 g de comté râpé

1 pincée de muscade râpée

POUR 4 PERSONNES

Préparation : 10 min / Cuisson : 25 min

1 Faites cuire les côtes et les feuilles des blettes coupées en morceaux 10 min à l'eau bouillante salée.

2 Fouettez la brousse avec les œufs, la crème et la muscade. Salez, poivrez et incorporez les blettes.

3 Versez dans un plat à gratin. Parsemez de fromage et enfournez pour 15 min à 180 °C.

VEGGIE

PETIT BUDGET

Gratin de potimarron et pommes de terre

350 g de potimarron en morceaux

350 g de pommes de terre en morceaux

1 œuf

10 cl de lait

100 g de gruyère râpé

+

1 pincée de muscade râpée
50 g de beurre en morceaux

POUR 4 PERSONNES

Préparation : 15 min / Cuisson : 20 min

1 Faites cuire séparément le potimarron et les pommes de terre. Écrasez-les grossièrement ensemble.

2 Ajoutez l'œuf, le lait, la muscade, salez, poivrez et mélangez.

3 Versez la préparation dans un plat à gratin. Parsemez de gruyère, de beurre et enfournez pour 20 min à 180 °C.

VEGGIE

Gnocchis express à la crème

1 sachet de gnocchis

50 g d'olives noires dénoyautées

20 cl de crème liquide (à 15 % de MG)

200 g de parmesan râpé

POUR 4 PERSONNES

Préparation : 10 min / Cuisson : 12 min

1 Faites chauffer la crème à feu doux en ajoutant petit à petit le parmesan.

2 Pendant ce temps, faites cuire les gnocchis 1 min à l'eau bouillante.

3 Versez-les dans un plat à gratin, ajoutez la crème au parmesan, les olives coupées en 2 et mélangez. Enfournez pour 10 min à 220 °C. Servez avec une salade de roquette.

VEGGIE

PETIT BUDGET

Rösti

8 pommes de terre

1 oignon émincé

40 g de beurre

3 c. à soupe d'huile de tournesol

POUR 4 PERSONNES

Préparation : 10 min / Cuisson : 35 min

1 Faites cuire les pommes de terre entières avec la peau 15 min à l'eau bouillante salée. Elles doivent être à moitié cuites.

2 Pelez-les, puis râpez-les avec une râpe manuelle à gros trous. Salez, poivrez et mélangez avec l'oignon.

3 Faites chauffer le beurre et l'huile dans une poêle. Formez des galettes en pressant les pommes de terre directement dans la poêle. Couvrez et laissez cuire à feu très doux 20 min, jusqu'à ce que le rösti soit doré, en le retournant à mi-cuisson.

VEGGIE

Couscous d'orge aux légumes

400 g de semoule d'orge

1/2 courge butternut en cubes

4 navets en quartiers

1/4 de chou blanc en morceaux

2 oignons en quartiers

+

2 c. à soupe de ras el-hanout
40 g de beurre demi-sel
coriandre ciselée

POUR 4 PERSONNES

Préparation : 20 min / Cuisson : 25 min

—

1 Mettez tous les légumes dans un autocuiseur avec le ras el-hanout. Salez et couvrez d'eau juste à hauteur. Laissez cuire 25 min.

2 Pendant ce temps, mettez la semoule dans un saladier en verre. Mélangez-la avec 15 cl d'eau tiède, mettez-la au micro-ondes 2 min à pleine puissance, puis mélangez-la à la fourchette pour bien défaire les grumeaux. Répétez ces opérations encore 3 fois, puis ajoutez le beurre, mélangez et couvrez.

3 Servez la semoule avec les légumes parsemés de coriandre et le bouillon à part.

VEGGIE

Dahl aux lentilles

200 g de lentilles corail ou jaunes

20 cl de lait de coco

1 oignon haché

2 gousses d'ail hachées

1 c. à soupe de pâte de curry rouge

+

40 g de beurre
3 gousses de cardamome écrasées

POUR 4 PERSONNES

Préparation : 10 min / Cuisson : 30 min

1 Dans une sauteuse, faites revenir l'oignon, l'ail et le curry avec le beurre.

2 Ajoutez la cardamome, les lentilles, le lait de coco et 50 cl d'eau. Salez, poivrez, puis laissez mijoter 25 min à couvert. Les lentilles doivent s'écraser.

3 Servez parsemé d'oignons frits avec des naans.

VEGGIE

Fondue au vacherin

1 vacherin mont-d'or

12 cl de vin blanc du Jura

1 petit pain de campagne en cubes

POUR 4 PERSONNES

Préparation : 10 min / Cuisson : 25 min

1 Protégez le pourtour de la boîte du fromage avec une feuille de papier d'aluminium (ne recouvrez pas le dessus).

2 Faites des petites entailles avec la pointe d'un couteau sur la croûte et versez le vin au-dessus. Enfournez pour 25 min à 200 °C.

3 Retirez la croûte à la surface du fromage, poivrez et trempez le pain dans le fromage fondu.

VEGGIE

Œufs brouillés aux asperges

8 œufs

10 pointes d'asperges en conserve

10 cl de lait

1 c. à soupe de parmesan râpé

15 g de beurre

POUR 4 PERSONNES

Préparation : 10 min / Cuisson : 4 min

1 Fouettez les œufs en omelette avec le lait et le parmesan.

2 Dans une grande poêle, faites fondre le beurre et saisissez-y les asperges 1 min.

3 Versez les œufs battus dans la poêle et faites cuire 3 min environ sans cesser de mélanger. Salez et poivrez.

VEGGIE

PETIT BUDGET

Œufs à la tomate et à l'ail

4 œufs

6 tomates en dés

3 gousses d'ail écrasées

1 c. à soupe d'huile d'olive

3 branches d'origan frais effeuillé

POUR 4 PERSONNES

Préparation : 10 min / Cuisson : 12 min

1 Faites cuire les tomates et l'ail 8 min dans une poêle avec l'huile à feu doux. Assaisonnez et ajoutez l'origan.

2 Formez 4 creux dans les tomates et cassez-y les œufs. Faites cuire quelques minutes jusqu'à ce que les blancs soient pris.

VEGGIE

LIGHT

PETIT BUDGET

Chakchouka

6 tomates
très mûres en dés

2 poivrons
multicolores
en lanières

4 œufs

2 oignons hachés

6 c. à soupe d'huile
d'olive

+

cumin
paprika
coriandre ciselée

POUR 4 PERSONNES

Préparation : 15 min / Cuisson : 30 min

1 Dans une poêle, faites dorer 5 min les oignons et les poivrons avec l'huile, puis ajoutez les tomates. Salez, poivrez et laissez mijoter 20 min.

2 Avec le dos d'une cuillère, formez 4 creux dans les légumes et cassez-y les œufs. Assaisonnez de cumin et de paprika. Faites cuire 5 min à feu doux et à couvert, le temps que les blancs soient pris.

3 Parsemez de coriandre et servez aussitôt dans la poêle.

VEGGIE

Omelette de chèvre à la menthe

8 œufs

8 feuilles de menthe ciselée

120 g de chèvre frais

1 c. à soupe d'huile d'olive

POUR 4 PERSONNES

Préparation : 10 min / Cuisson : 5 min

1 Fouettez les œufs en omelette dans un saladier. Ajoutez la menthe et assaisonnez.

2 Faites chauffer l'huile dans une poêle et versez-y les œufs. Faites cuire 5 min environ en rabattant les bords vers le centre dès qu'ils sont pris.

3 Répartissez le chèvre, roulez l'omelette et laissez-la reposer hors du feu quelques minutes.

VEGGIE

PETIT BUDGET

Tortilla espagnole

8 œufs

3 pommes de terre

3 gousses d'ail écrasées

1 oignon haché

22,5 cl d'huile d'olive

POUR 4 PERSONNES

Préparation : 15 min / Cuisson : 20 min

1 Fouettez les œufs dans un saladier avec du sel et du poivre.

2 Versez 20 cl d'huile dans une casserole, ajoutez les pommes de terre coupées en tranches très fines et l'ail. Faites cuire 10 min. Ajoutez l'oignon et poursuivez la cuisson 5 min.

3 Égouttez les pommes de terre, puis mélangez-les avec les œufs en fouettant. Faites chauffer le reste d'huile dans une poêle et versez-y la préparation. Couvrez et laissez cuire 5 min en remuant. Lorsque les bords sont dorés, retournez la tortilla et faites-la cuire encore 2 ou 3 min.

PETIT BUDGET

Œufs en ramequin en 3 façons

8 œufs

200 g d'emmental râpé

8 pincées de paprika

POUR 4 PERSONNES

Préparation : 2 min / Cuisson : 2 min

1 Cassez les œufs dans 4 ramequins, salez et poivrez. Parsemez d'emmental et saupoudrez de paprika.

2 Faites cuire au micro-ondes (700-750 W) 1 min pour des œufs cocotte, 1 min 30 pour des œufs mollets, 2 min pour des œufs bien cuits.

VEGGIE

PETIT BUDGET

Index

TABLE DES ÉQUIVALENCES FRANCE-CANADA

Poids	55 g	100 g	150 g	200 g	250 g	300 g	500 g	750 g	1 kg
	2 onces	3,5 onces	5 onces	7 onces	9 onces	11 onces	18 onces	27 onces	36 onces
Ces équivalences permettent de calculer le poids à quelques grammes près (en réalité, 1 once = 28 g).									

Capacités	5 cl	10 cl	15 cl	20 cl	25 cl	50 cl	75 cl
	2 onces	3,5 onces	5 onces	7 onces	9 onces	17 onces	26 onces
Pour faciliter la mesure des capacités, une tasse équivaut ici à 25 cl (en réalité, 1 tasse = 8 onces = 23 cl).							

CRÉDITS

Recettes

Blandine Boyer : pages 12, 20, 22, 26, 28, 30, 32, 36, 38, 40, 42, 44, 46, 52, 62, 64, 66, 78, 90, 92, 106, 108, 112, 114, 118, 124, 130, 132, 134, 136, 140, 146, 148, 150, 152, 154, 162, 164, 166, 168, 170, 178, 180, 184, 186, 194, 196, 198, 200, 206 ; Élise Delprat-Alvarès : pages 6, 8, 10, 14, 16, 18, 24, 34, 48, 50, 56, 58, 60, 68, 70, 72, 74, 76, 80, 82, 84, 88, 94, 96, 98, 100, 102, 104, 110, 116, 120, 126, 128, 138, 142, 144, 156, 158, 160, 174, 176, 182, 188, 190, 192, 202, 204, 208, 210, 212.

Photographies des recettes

Amandine Honegger (stylisme Sylvie Rost) : pages 7, 9, 11, 15, 17, 19, 25, 35, 49, 51, 57, 59, 61, 69, 71, 73, 75, 77, 81, 83, 85, 89, 95, 97, 99, 101, 103, 105, 111, 117, 121, 127, 129, 139, 143, 145, 157, 159, 161, 175, 177, 183, 189, 191, 193, 203, 205, 209, 211, 213 ; Olivier Ploton : pages 13, 21, 23, 27, 29, 31, 33, 37, 39, 41, 43, 45, 47, 53, 63, 65, 67, 79, 91, 93, 107, 109, 113, 115, 119, 125, 131, 133, 135, 137, 141, 147, 149, 151, 153, 155, 163, 165, 167, 169, 171, 179, 181, 185, 187, 195, 197, 199, 201, 207.

Photographies des ingrédients

© Larousse, © Shutterstock, © Thinkstock

Direction de la publication : Isabelle Jeuge-Maynart et Ghislaine Stora
Direction éditoriale : Émilie Franc
Édition : Alice Delbarre et Ewa Lochet
Conception graphique et couverture : Valentine Antenni
Informatique éditoriale : Philippe Cazabet
Mise en page : Les PAOistes
Fabrication : Émilie Latour

ISBN : 978-2-03-602815-9

Dépôt légal : août 2022
Imprimé en Roumanie par Rotolito Romania SA
331138/01 - 11050235 - juin 2022